de la A a la Z por

Veracruz

Becky Rubinstein F.
Ilustrado por Maribel Suárez

de la A a la Z por Veracruz

Becky Rubinstein F.
Ilustrado por Maribel Suárez

everest INTERNACIONAL

A DE ACUARIO

El Acuario de Veracruz es un trocito de mar en el antiguo playón de Hornos, en cuyas paredes brotan peceras. En la galería de agua salada se encuentran morenas, caballitos de mar, peces payaso, tiburones leopardo, tortugas marinas y alrededor de 60 especies del golfo de México, el mar Rojo y el océano Pacífico.

Grandes peceras,
peceras chicas,
de agua dulce,
también salina.
¿Qué soy?

Solución: el acuario.

B DE BOCA DEL RÍO

Boca del Río es un municipio pegadito al puerto de Veracruz. Cada 26 de julio, niños y grandes celebran una vistosa procesión en honor a nuestra Señora Santa Ana; se preparan platillos típicos, como el filete relleno de mariscos, y se bailan ritmos jarochos del mero Veracruz, como *La Bamba* que a ti te canto:

Para bailar la bamba,
para bailar la bamba
se necesita...
un poquito de gracia,
un poquito de gracia
y otra cosita.
¡Ay, arriba, ay arriba!
¡Ay, arriba y arriba!
Arriba iré,
Yo no soy marinero,
Yo no soy marinero,
por ti seré, por ti seré...

C DE CARNAVAL

En el carnaval de Veracruz, "el más alegre del mundo", todos se disfrazan y salen a las calles a cantar, bailar y ver pasar los carros alegóricos. La fiesta se inicia con "La quema del Mal Humor" representado con la imagen de la persona que peor se haya portado en el año; se elige al rey feo y también a la reina del carnaval.

¡Es carna, carnaval!,
la gente viene y va
vestidos de marinos,
de payasos y mimos.

¡Es carna, carnaval!
¡Qué rica la comparsa!
El rey feo te llama,
la reina se engalana.

¡Es carna, carnaval!,
tambores y maracas,
se quema el mal humor
a ritmo de bongó.

CH DE CHAMÁN

Los chamanes de los Tuxtlas aseguran que el primer viernes de marzo la Luna se vuelve fuerte, poderosa... Pero hay que ayudarla, para que nos vaya bien, con baños, pócimas de hierbas, amuletos como una herradura o prendiendo veladoras...

El chamán
El chamán de los Tuxtlas
El chamán de los Tuxtlas prende
El chamán de los Tuxtlas prende veladoras para dar
El chamán de los Tuxtlas prende veladoras para dar luz a
El chamán de los Tuxtlas prende veladoras para dar luz a todas las personas.

D DE DANZÓN

A los jarochos les encanta bailar danzón, una danza venida de La Habana, Cuba. Se baila en pareja casi sin moverse del lugar, como si se estuviera bailando sobre un ladrillo, y se practica en la plaza y en la casa.
Las parejas concursan entre sí a ver cuál baila mejor…
Y no te sorprendas si alguien te dedica un danzón.

De La Habana llegó,
llegó, llegó el danzón.
Danzo danza danzón,
como gran danzador.

E DE EYIPANTLA
(CASCADA EL SALTO DE EYIPANTLA)

La cascada El Salto de Eyipantla es una cortina gigantesca de agua. Para los prehispánicos era algo así como el paraíso -el Tlalocan- donde Tláloc, Dios de la lluvia, bendecía a doncellas, sacerdotes y caciques. Por Eyipantla anda el águila, el faisán y muchas aves canoras felices de estar ahí.

Cascada del Río Grande
a ti te vengo a cantar
un sonecito jarocho,
sonecito sin igual.

Paraíso aquí en la tierra
a ti te vengo a cantar,
cascada de agua preciosa,
del águila y del faisán.

Por ti me vuelvo cantor
y a ti te vengo a cantar
y cantan aves canoras
que en tus parajes están.

G DE GUAYABERA

¡Ay, qué calor hace en Veracruz! Y por el calor, grandes y chicos visten guayaberas, camisas holgadas de algodón, suaves y ligeritas, que ni se sienten. Muchas tienen bordados o botones, tan bonitos, que sirven de adorno.

Casi siempre son blancas, pero también las hay de color.

Afuera las corbatas,
afuera las camisas,
¡qué suaves guayaberas!,
usarlas… ¡qué delicia!

De moda nunca pasan.
¡Son una maravilla!
¡Qué ricas guayaberas!,
cuando el calor castiga.

H DE HAMACA

La hamaca es lo mejor cuando hace calor o quieres dormir una siesta; para tomar el Sol, no hay nada como tumbarse en una hamaca tejida con yute o cuerda en la que te meces a tu gusto.

Hamaca, hamaquita de los
hamaqueros hamacados
de los hamaqueros hamacados
hamaca, hamaquita.

I DE INGENIO

Los españoles llegaron a la costa de Veracruz con barcos cargados de… ¡Adivinaron! ¡De caña de azúcar! Y llegaron y construyeron trapiches que, con el tiempo, se convirtieron en ingenios azucareros: haciendas donde lo mismo se obtenía azúcar que alcohol.

¡A la bío, a la bao,
a la bim, bom, bam!
La caña de azúcar
nos vino a endulzar.

¡A la bío, a la bao,
a la bim, bom, bam!
La caña de azúcar
¡Ra, ra, rá!

J DE JAROCHO

Jarocho quiere decir veracruzano y veracruzano quiere decir jarocho. Jarocho es quien nace en Veracruz y jarochos son sus bailes y sus "gorditas" de masa y frijol. Jarocho es su cielo y jarocho es su mar.

Jarocho, jarochito,
jarochero, jarocho,
jarochito, jarochero:
son los veracruzanos
grandes y los chiquitos.

K DE KAYAK

Nos dijeron que el kayak es un navío en el que puedes navegar por los hermosos ríos de Veracruz. Y lo creímos… Nos dijeron que el kayak es un navío que va y viene por los rápidos de Veracruz… ¡Y nos subimos a uno!

Empieza con k
y termina con k,
navío esquimal,
se llama kayak.

L DE LANCHA

Las lanchas son pequeños navíos de madera y sus conductores se llaman lancheros; en ellas puedes dar hermosos paseos por las playas veracruzanas.

Lanchas, lanchas, muchas lanchas,
para viajar a tus anchas.
Lanchas, lanchas y lancheros:
¡Para llegar los primeros!

M DE MARIMBA

La marimba que, como dice la canción, canta con voz de mujer, fue traída de África a América. La marimba se toca en el sureste de México: en Veracruz, Tabasco y Chiapas. Quien escucha el son de la marimba, se cimbra.

La marimba suena
La marimba suena y resuena
La marimba suena y resuena en el
La marimba suena y resuena en el malecón
La marimba suena y resuena en el malecón y en todas
La marimba suena y resuena en el malecón y en todas las calles de Veracruz.

N DE NANCIYAGA
(PARQUE DE NANCIYAGA)

En el parque ecológico de Nanciyaga hay plantas que curan, cocodrilos, tucanes y un kayak para remar. Hay cascadas, baños de temascal con piedras calientes y mucho vapor… También bicicletas para subir y bajar por la montaña…

Y además, paseos a la laguna de Catemaco.

Nanciyaga es un parque
en selva tropical,
con un *tam, tam* y *tam*
lo podrás visitar.

Ñ DE Ñ PARA NIÑOS Y NIÑAS

Con la expresión: "ñaca, ñaca, ñaca" los niños de Veracruz juegan a espantarse, se ríen y bromean, se divierten y brincotean.

Ñaca, ñaca, ñaca,
mueven sus deditos.
Ñaca, ñaca, ñaca,
mientras dan saltitos.

O DE ORIZABA

En la ciudad de Orizaba, a unos pasos de la catedral, te espera un palacio de hierro… ¡Y de tiempos de don Porfirio! Traído de Bélgica –pieza a pieza– en tres barcos cargueros cruzó el océano Atlántico rumbo al puerto de Veracruz y de ahí fue trasladado a Orizaba, donde fue armado tal cual. ¡Y no le faltó ni un solo tornillo!

De estilo francés:
láminas con postes,
puertas de madera,
tornillos de hierro.
¡Y está en Orizaba!

Es bello palacio
que en buques cargueros
llegó desde Europa,
es casi un museo.
¡Y está en Orizaba!

P DE PUERTO DE VERACRUZ

Al puerto de Veracruz llegan barcos de todos tamaños que traen y llevan mercancía. También gente de todos los continentes que viene a pasear y visitar el famoso Café de la Parroquia, donde se toma el típico lechero -café con leche- con una canilla de pan mientras se observa el puerto.

Vera, vera, Vera-cruz
llegaron los españoles.
Vera, vera, Vera-cruz
con caballos y puerquitos.
Vera, vera, Vera-cruz
es puerto de pescadores.
Vera, vera, Vera-cruz
¡casi, casi, el paraíso!

Q DE QUAUHTOCHCO
(ZONA ARQUEOLÓGICA)

Según cuenta la leyenda, una princesita llamada Zaacatzin ronda los alrededores de Quauhtochco, y a quien la visita, le regala unas moneditas. Y si quien las recibe las gasta en cosas buenas, jamás se le acaban.

¿Y qué es Quauhtochco? Es una ciudad fortificada de la época prehispánica y El Fortín es una de sus construcciones más preciosas. Desde lo alto se aprecia el río Atoyac y las ruinas españolas de Huatusco, famoso por su café.

Cuenta la leyenda
Cuenta la leyenda que Zaacatzin,
Cuenta la leyenda que Zaacatzin, la princesa,
Cuenta la leyenda que Zaacatzin, la princesa, daba moneditas
Cuenta la leyenda que Zaacatzin, la princesa, daba moneditas
 para gastar en cosas buenas.

R DE RAMA

El paseo con la rama es una tradición navideña en la que los niños van, de puerta en puerta, con una rama adornada y cantando para pedir aguinaldo.

Hola, buenas noches,
ya estamos aquí,
aquí está la rama
que les prometí,
que les prometí
venir a cantar,
pero mi aguinaldo
me tienen que dar,
me tienen que dar
con mucho cariño,
como se lo dieron
los Reyes al Niño.

S DE SAN JUAN DE ULÚA

San Juan de Ulúa es un islote donde se construyó una fortaleza para defender a las mujeres y a los niños, en tierra firme, de los ataques de los piratas y también sirvió de prisión. Ahí estuvieron encerrados Benito Juárez y Chucho "El Roto". Hoy día es un museo con calabozos conocidos como "tinajas"… ¡Ay, qué miedo!

A San Juan de Ulúa
llegaron los piratas.
Úa, úa, úa, úa…

En San Juan de Ulúa
se dieron mil batallas.
Úa, úa, úa, úa…

En San Juan de Ulúa
asustan las "tinajas".
Úa, úa, úa, úa…

T DE TOTONACAS

Totonaca: para algunos, significa hombre de la tierra caliente; para otros, tres ciudades llenas de corazón: Cempoala, Tajín y el Castillo de Teayo, donde vivieron los totonacas o totonacos que provienen del estado de Veracruz y de la sierra de Puebla donde se habla la lengua totonaca conocida también como "tutinacu".

Del Totonacapan vienen los totonacos, la lengua totonaca es de los totonacos.

U DE UxPANAPA

Uchpan significa escobilla; *apan*, río. *Uxpanapa* significa entonces arbusto pequeño con mucho follaje. Ahí pasan varios ríos: el Uxpanapa, Juárez, Utuapa, Santo Domingo, Pedregal, Tonalá, Nanchital, Chocamán; arroyuelos, como El Remolino; y lagunas como la Manatí, La Merced, San Pedro y Tecuanapa. ¡Parece un trabalenguas con mucho verde y mucha agua!

Uxpanapa, Uxpanapa,
es famosa por sus ferias,
por bordados de canastas,
por sus fabulosas fiestas.

Uxpanapa, Uxpanapa,
con su tamal colorado,
sus arroyuelos y ríos,
sus tradiciones y cantos.

V DE VOLCÁN
(PICO DE ORIZABA)

Es el volcán más alto de toda la república mexicana y de América del Norte. Si tienes buena condición física puedes subir y subir y observar todo desde ahí, pues se dice que quien sube a este volcán puede "pueblear" a su gusto con la vista: observar los pueblitos construidos en su ladera.

Empiezo con V
termino con N
tengo una A
soy un gran…

Solución: volcán.

W DE WOW

Si aciertas grita *wow* con la "W".
Pon una "V" a la frase verdadera y una "F" a la falsa.

San Juan de Ulúa es una prisión   (   )
El Pico de Orizaba es el volcán más alto de México   (   )
En Veracruz se toca la marimba   (   )
En Veracruz se baila danzón   (   )
Veracruz es un puerto   (   )
Uxpanapa significa escobilla   (   )
El kayak es un transporte para navegar con rapidez   (   )

32

X DE xALAPA

Xalapa es la capital del estado de Veracruz, construida sobre la falda de dos cerros: Mecuiltepec y Cofre de Perote. Uno de sus volcanes es el Citlaltepetl, que está siempre cubierto por nieve. Xalapa es famosa por su orquesta sinfónica, por su universidad y por su Museo de Antropología.

Xalapa con X,
Xalapa con A,
Xalapa, Xalapa,
¡para visitar!

MUSEO DE ANTROPOLOGÍA

Y DE YOLIHUANI
(PARQUE ECOLÓGICO)

Conocido como *Coamapa* en tiempo de los olmecas, donde Hernán Cortés construyó el primer ingenio azucarero de toda América. Hoy, parque ecológico con una bella cascada, exuberante vegetación y fauna silvestre… Además, puedes visitar un museo con piezas arqueológicas.

Yoli, Yolihuani,
de selva gran tajo,
Yoli, Yolihuani,
es verde tu manto.
Yoli, Yolihuani,
azúcar y barro,
Yoli, Yolihuani,
¡qué lindo escenario!
Yoli, Yolihuani,
un verso yo te hago,
Yoli, Yolihuani,
¡ven, que yo te llamo!

Z DE ZAPATEADO
(ZAPATEADO JAROCHO)

Los jarochos de Veracruz son famosos por su zapateado o son jarocho: se toca y se baila, se baila y se toca para alegría de todos... ¡El zapateado hace la fiesta y la fiesta... a los jarochos!

Se toca con jaranas,
requinto, arpa y pandero.
Se baila zapateado
sin perder el aliento.